AF264234

# RÉFLEXIONS

SUR LE

## PROJET DE LOI RELATIF AU SACRILÉGE,

ET SUR L'IDÉE DE PRESCRIRE PAR UNE LOI

## LA CÉLÉBRATION RELIGIEUSE DU MARIAGE.

PAR LE PASTEUR BOISSARD,

L'un des Présidens du Consistoire de l'Église chrétienne de la Confession d'Augsbourg à Paris, chevalier de l'Ordre royal de la Légion d'honneur.

A PARIS,

IMPRIMERIE DE J. SMITH, RUE MONTMORENCY, N° 16.

1824.

# RÉFLEXIONS



## PROJET DE LOI RELATIF AU SACRILÉGE.

ON s'étonnait avec raison des décisions souvent contradictoires des cours de justice, sur les faits de vols commis dans les églises ; on sentait qu'il existait malheureusement dans les lois une lacune qu'il était urgent de remplir ; l'opinion publique se soulevait contre l'idée de n'infliger au misérable qui foule aux pieds à la fois le sentiment religieux et le respect pour la propriété, que les mêmes peines qu'au larron ordinaire. La sagesse du Roi vient de proposer aux chambres, dans un projet de loi nouveau, les moyens de prévoir ce genre de crimes, et de le punir d'une manière proportionnée à l'horreur qu'il inspire. Parmi les peines indiquées dans ce projet, se trouve celle de mort!..... La religion de Moïse la prononçait autrefois contre le blasphème. Si elle est ici prononcée, ce n'est pas sans doute au nom de la religion de miséricorde et de charité. La menace du glaive ne peut être faite que par le pouvoir civil et pour les cas où le maintien de l'ordre social l'exige impérieusement. Aussi ne remarque-t-on dans les discours des ministres du Roi, qui proposent en son nom le projet de loi, d'autres considérations que celles qui sont tirées de la nécessité du maintien de cet ordre, et de l'opinion générale qui doit régner au sein d'une nation religieuse ; ils *rendent à César ce qui est à César ; ils laissent à Dieu ce qui est à Dieu ;* ils se gardent de faire entrer dans la série des réflexions qu'ils proposent aux Pairs du royaume et aux Députés des départemens, aucun principe théologique; la loi, dans leur manière de voir, doit porter l'empreinte religieuse, parce qu'elle doit servir de règle à une nation chrétienne; mais cette empreinte aussi lui suffit; les distinctions dogmatiques sont hors de sa sphère.

Le texte même de la loi est parfaitement dans ces principes; il rend l'idée religieuse qui lui sert de base, commune à tous les cultes reconnus en France. En effet, toute loi qui, en France, concerne la religion, doit être un corollaire de cette Charte immortelle qui assure à toutes les communions *une égale protection;* ce qui se fait pour l'un des cultes chrétiens doit se faire pour l'autre; ce qui s'applique à l'un doit s'appliquer à l'autre; s'il n'en était ainsi, le législateur n'aurait eu égard qu'à telle ou telle portion de la nation, il aurait négligé l'autre, et méconnu les maximes fondamentales de la Charte constitutionnelle et de tout gouvernement sage et paternel.

L'application de ces principes est ici d'autant plus juste et d'autant plus nécessaire, que plusieurs des articles de la loi proposée font mention de désordres qui seraient également funestes à l'exercice du culte de toutes les communions s'ils pouvaient se commettre impunément; chaque société religieuse réclame de la part de ceux qui assistent à ses saints exercices, le même silence, le même recueillement; chacune d'elles a besoin qu'au dehors même des édifices affectés à son usage, le calme et le bon ordre soit maintenu; chacune d'elles doit désirer que l'impiété de ceux qui, soit au dedans, soit au dehors de ses temples, chercheraient à troubler la dévotion des fidèles, soit réprimée.

Mais en est-il de même de ce qui concerne les vases sacrés et d'autres objets que les diverses communions ne considèrent pas sous le même point de vue?—Cette question ne peut être résolue qu'en partant de la pensée du législateur. N'a-t-il en vue que l'ordre public, le respect dû au sentiment religieux en général? C'est ce qui doit être. En ce cas, les motifs et les circonstances qui aggravent le crime à ses yeux doivent être les mêmes, quel que soit le temple, l'objet ou la communion dont il soit question; raisonner autrement, ce serait imputer au législateur l'intention de porter une loi catholique ou protestante, et non une loi française; ce serait transformer les chambres en un concile ou en un synode, et perdre de vue ce caractère de généralité que doivent porter toutes leurs décisions.

S'il était question de condamner à des peines trop graves, et surtout à la peine de mort, par tout autre motif que par des considérations d'ordre public, les malheureux qui attentent aux objets consacrés au culte; si l'on devait supposer que la loi ne portât de telles peines que parce qu'elle partirait du point de vue sous lequel l'Eglise catholique en particulier considère les vases sacrés, les protestans demanderaient eux-mêmes que ces peines ne fussent point applicables à celui qui enlèverait les vases consacrés à leur culte; ils ne voudraient pas qu'on leur supposât sur ce point une manière de voir dont la conséquence dût être la mort d'un pécheur qui pourrait encore se convertir si on le laissait vivre; ils déclareraient que leur Eglise a horreur du sang.

Le glaive appartient aux puissances de la terre; si elles jugent que *pour le maintien de l'ordre*, il soit indispensable d'en frapper le sacrilége, elles sont dans leur domaine, domaine absolument étranger à celui de la religion. Il n'est d'ailleurs pas ici question de discuter la thèse de la peine de mort. Si, en thèse générale, le gouvernement pense qu'il soit convenable d'infliger au profanateur des peines plus

1*

rigoureuses qu'au voleur d'objets non consacrés, il n'y a là rien de contraire aux principes de quelque communion que ce soit. Ni la profanation, ni le sacrilége, ni aucun de ces actes qui indiquent un mépris brutal et scandaleux pour la religion et pour le culte qu'elle prescrit, ne sont moins réprouvés par la morale des protestans que par celle de l'Eglise romaine. S'ils n'attribuent à aucun objet inanimé le caractère que cette Eglise attribue aux objets qu'elle nomme bénits ou consacrés, on aurait tort d'en conclure qu'ils ne vissent dans leurs temples que des édifices un peu plus vastes que d'autres, dans les vases qui servent à l'administration des sacremens, que des meubles pareils à ceux que chaque particulier peut faire servir à ses usages domestiques, etc. L'opinion publique ( et c'est elle que le législateur doit prendre en considération) n'entre point ici dans les distinctions subtiles de la théologie; elle reporte sur les instrumens qui servent au culte et aux sacremens, le respect dû au culte et aux sacremens eux-mêmes; elle condamnerait quiconque se croirait permis de les faire servir à tout autre usage qu'à celui auquel ils sont exclusivement destinés; elle l'accuserait d'irrévérence pour les choses saintes elles-mêmes, si elle le voyait confondre ce qui n'appartient qu'à elles avec les choses communes et ordinaires. De là la forme particulière donnée et aux vases à l'usage du culte, et au costume que portent les pasteurs; de là particulièrement dans les églises de la confession d'Augsbourg, l'autel érigé dans les temples et surmonté du signe de la rédemption, les vases remis aux pasteurs pour ne servir qu'à donner le sacrement aux malades et aux mourans, le respect avec lequel le communiant s'approche de la table sainte sans toucher au calice autrement que des lèvres.

Veut-on se convaincre de la vérité de ces observations? Qu'on se rende dans un temple protestant, même avant le commencement du service divin, et qu'on voie si l'assemblée se croit dans un édifice ordinaire! Qu'on assiste aux cérémonies religieuses du baptême, du renouvellement de l'alliance baptismale, de la sainte Cène, de la bénédiction du mariage, des funérailles, et qu'on voie si leur extrême simplicité leur ôte rien du caractère sacré que tout acte de cette nature doit porter!

Le protestant respecte, comme le catholique, et son culte et les objets qui le concernent. La loi doit venir à l'appui de ce sentiment pour l'une des communions comme pour l'autre; car elle doit être la même pour tous les Français. S'opposer à ce qu'elle fît mention expresse de toutes les communions et à ce qu'elle rendît les mêmes mesures communes à toutes, ce serait craindre en quelque sorte que les lois n'achevassent de consacrer les principes que la Charte a posés; ce serait abonder dans le sens de ces hommes qui semblent se plaire à jeter l'inquiétude parmi les protestans, en renouvelant chaque jour contre eux les calomnies mille fois réfutées dont l'esprit de persécution se servit autrefois pour les accabler, et en introduisant dans leurs écrits ce nom de *religion tolérée*, que repousse et la justice et la raison. Ce n'est point une dédaigneuse tolérance, c'est la *liberté de conscience et de culte*, c'est une *protection paternelle* que le Roi assure à toutes les communions chrétiennes.

Le gouvernement ne peut avoir d'autres intentions que celles de son auguste chef; dictées par la sagesse, elles s'accompliront Dieu aidant, quoi que puissent en dire et en penser ces hommes qui ne voient la religion que dans l'esprit de parti et d'exclusion, tandis que les vrais adorateurs de Christ ne la voient que dans la justice et dans la charité.

# RÉFLEXIONS

Sur *la demande faite à la chambre des Députés et renvoyée par elle à Son Exc. le Ministre de l'Intérieur, de dispositions en vertu desquelles la célébration religieuse du mariage précéderait la célébration à l'état civil.*

L'usage suivi dans tous les pays chrétiens de faire intervenir la religion dans la célébration du mariage, est sous tous les rapports digne de respect. Ce ne sont pas en effet des devoirs sociaux uniquement que l'homme et la femme s'engagent à remplir en entrant dans la communauté du mariage; la promesse réciproque qu'ils se font porte le sceau du serment; c'est à leur conscience qu'est remise la garde de cette foi conjugale dont l'infraction est réprouvée par la loi de Dieu; c'est du respect dont ils seront pénétrés pour l'Auteur de la vie, qu'émanera cette pensée religieuse qui leur fera envisager chacun de leurs enfans comme un dépôt sacré, comme un être dont ils sont responsables devant le Créateur encore plus qu'aux yeux de la société humaine, comme un héritier de l'immortalité qu'ils sont chargés de préparer aux destinées célestes qui l'attendent.

Dès que l'on considère sous ce point de vue les obligations que le mariage impose, on ne peut s'empêcher de sentir qu'il est essentiellement de la compétence des ministres de la religion de les rappeler au cœur des contractans. C'est ce que nos ancêtres avaient parfaitement compris, ce que conçoit encore aujourd'hui tout homme qui attache quelque importance à la religion. Aussi, à mesure qu'elle regagne son influence sur les hommes, voit-on diminuer de jour en jour le nombre de ceux qui refusent d'entendre sa voix et de réclamer son intervention au moment de contracter mariage, et il n'est pas douteux que lors même qu'on laisserait nos institutions légales dans l'état où elles se trouvent à présent, l'opinion publique achèverait sous peu de temps de prévaloir sur la grossière irréligion qui ne veut voir dans le mariage qu'un contrat purement terrestre.

Enoncer cette idée, c'est déjà faire voir peut-être qu'il n'y aurait pas d'urgence à toucher à des institutions qu'il est presque toujours dangereux de modifier; peut-être aussi est-ce parler dans l'esprit de cette religion, qui ne veut devoir qu'à la persuasion, et non à des mesures coercitives, le respect qu'elle est en droit de réclamer.

Cependant, qu'est-ce que l'opinion d'un particulier qui ne voit jamais les choses que dans la sphère infiniment restreinte dans laquelle elles se présentent à lui, en comparaison des vues de ces hommes vénérés qui, placés à la tête des affaires publiques, sont le mieux à portée de juger de ce que requiert l'ordre et le bien-être de la société? Loin de moi la prétention de m'ériger en juge de ce que leur inspire leur sagesse! Je n'ai d'autre intention que d'exposer ici quelques idées générales sur les précautions qu'ils sauront prendre, de signaler quelques inconvéniens qu'ils sauront éviter, s'il leur paraît nécessaire de proposer d'introduire dans les lois concernant le mariage, l'importante modification dont l'idée leur a été suggérée, et qu'ils ont recommandée à l'attention des ministres du Roi.

Le but de cette modification ne paraît nullement être de remettre entre les mains des ministres de la religion les attributions qui concernent en ce moment MM. les maires et officiers de l'état civil; elle ne paraît tendre uniquement qu'à faire en sorte qu'aucun mariage ne puisse être contracté civilement sans l'avoir été auparavant religieusement. Les moyens à prendre pour y parvenir seraient simples sans doute; il suffirait qu'après la production à la mairie de toutes les pièces requises, affiche des bans, etc., MM. les maires munissent les futurs d'un certificat portant que toutes les formalités voulues par la loi pour contracter mariage sont remplies, que sur le vu de ce certificat, la bénédiction nuptiale fût prononcée, et que le ministre de la religion, à son tour, munît les époux d'une attestation qu'ils auraient à présenter à la mairie pour que le sceau légal fût imposé à leur union.

Cet arrangement laisserait à MM. les maires et officiers de l'état civil toute la plénitude d'attributions, qui sont beaucoup mieux placées entre leurs mains qu'elles ne le seraient entre celles des ministres de la religion. En effet, nos lois sur le mariage sont si compliquées, elles exigent la production de tant de pièces revêtues de tant de formalités, qu'il faut pour les appliquer exactement en avoir fait une étude toute particulière. Ce que j'en dis ici est prouvé et par les avis du conseil d'état des 23 juillet 1805 et 19 mars 1808, qui semblent n'avoir été consignés au bulletin des lois que pour diminuer en certains cas le nombre des formalités, et par les réclamations qui ont été fréquemment et de toutes parts adressées aux autorités supérieures pour obtenir plus de facilités encore que ces avis n'en indiquent. Plus les formalités sont multipliées, plus il peut se présenter de causes de nullité, plus les magistrats qui doivent tenir la main aux formes sont fréquemment obligés d'apporter des délais à la conclusion du mariage. Or, serait-il convenable que les ministres de la religion fussent rendus responsables de nullités aussi fâcheuses que celles qui peuvent se présenter en ce cas? Serait-il décent que ce fût le ministre de la religion qui exigeât des délais souvent funestes aux bonnes mœurs?

On éviterait ces inconvéniens en laissant, comme il vient d'être dit, à l'autorité civile tout ce qui est de sa compétence; et la chose serait d'autant plus facile, s'il n'était question que de communions religieuses qui, comme les communions protestantes, par exemple, pussent accorder la bénédiction du mariage sans rien exiger au-delà de l'accomplissement des formalités civiles.

Mais dès qu'il est question de communions qui, comme la communion romaine, ont au sujet du mariage des réglemens particuliers, le cas se complique. Dès-lors, il faut mettre ces réglemens spéciaux en harmonie avec la loi, de peur qu'il n'arrive que tel mariage soit possible à la mairie et impossible à l'église; dès-lors, la loi interdit le mariage au catholique s'il ne commence par satisfaire à tout ce que l'église exige de sa part; et ceci pourra-t-il se faire sans inconvéniens? Les bans à publier à l'église, les dispenses sans lesquelles elle ne concédera pas en certains cas la bénédiction nuptiale, les empêchemens canoniques qu'elle reconnaîtra, la nécessité de se mettre en état de grâce, de se pourvoir d'un billet de confession, etc., ne seront-ce pas là autant de sources de difficultés?

Ces inconvéniens ne peseraient sur les protestans qu'au cas où, au lieu de soumettre les réglemens de l'église romaine à la loi, on voudrait au contraire soumettre la loi aux réglemens de l'église romaine. Mais c'est là sans doute ce qu'on ne doit pas craindre de la part de législateurs qui ont sincèrement à cœur de protéger également toutes les communions chrétiennes, et de laisser à chacun la pleine jouissance de sa liberté de conscience. Loin d'astreindre le protestant qui veut se marier à tout ce à quoi le catholique romain est astreint par son église, ils se borneront à exiger de sa part qu'il ne contracte mariage à la mairie qu'après avoir reçu la bénédiction de son pasteur. Déjà il n'arrive point, précisément à cause du peu d'exigence de la religion évangélique, qu'un mariage entre protestans soit jamais conclu à la mairie sans être ensuite béni au temple, à moins qu'il n'y ait impossibilité, à cause du trop grand éloignement de la résidence des pasteurs de recourir à leur ministère.

Ce cas est rare, sans doute, mais il n'en doit pas moins être pris en considération. Les familles protestantes sont, dans certains départemens, tellement dispersées, qu'il n'est possible à leurs pasteurs de les visiter que très-rarement; faudra-t-il que dans ces familles les mariages soient différés par cette raison? Il est même des départemens où il n'existe qu'un nombre de familles protestantes trop minime pour qu'il ait été possible de leur accorder des temples et des pasteurs; ces familles ordinairement sont peu fortunées : faudra-t-il que ceux de leurs membres qui voudront contracter mariage, s'astreignent à faire des voyages de trente, quarante ou cinquante lieues, pour obtenir la bénédiction pastorale, avant de se présenter, pour la seconde fois, au maire de leur commune? La loi pourra-t-elle admettre quelque exception en leur faveur? Leur laissera-t-elle, relativement au mariage, que les protestans ne considèrent pas comme sacrement, une latitude pareille à celle que l'église catholique laisse à ses membres relativement au sacrement de la confirmation? Leur sera-t-il permis de se marier sans bénédiction pastorale lorsqu'ils ne pourront, dans le moment même, se procurer le ministère d'un pasteur, sauf à y recourir dans la suite, comme il est permis au catholique de communier et de se marier sans avoir reçu la confirmation, lorsqu'il ne peut se rendre auprès de l'évêque, qui seul a droit de la donner?

Il serait fâcheux sans doute d'admettre des cas

d'exception dans une loi qui doit être la même pour tous ; mais celui-ci n'est pas le seul qui se présente à la pensée. Il est en France des familles d'anabaptistes qui n'ont aucun pasteur ; ces familles vivent plus isolées encore que les familles protestantes . et il ne leur est pas moins indispensable qu'à celles-ci de pouvoir légalement contracter mariage.

A mesure qu'on avance dans l'examen de cette matière on voit les difficultés se multiplier, on remarque des inconvéniens graves et nombreux, dont la considération ne pourra manquer de recommander au législateur la plus prudente circonspection.

Il est un cas encore qui n'a point été touché jusqu'à présent, et dont il est indispensable de faire mention : c'est celui des mariages mixtes, c'est-à-dire entre catholiques et protestans.

Nos lois actuelles ne s'en occupent nullement. Le mariage une fois contracté devant la mairie, il reste libre aux époux d'en requérir la bénédiction, soit à l'église catholique , soit à l'église protestante seulement, soit à l'une et à l'autre. Si les modifications à apporter aux lois actuelles laissent encore la même liberté , elles n'auront rien qui aggrave la position actuelle des personnes qui contractent de tels mariages , sauf les cas d'exception qui viennent d'être indiqués. Si au contraire elles exigeaient que les mariages mixtes fussent toujours bénis à l'église catholique, elles les rendraient souvent impossibles ; en voici les raisons. Exiger qu'un mariage soit béni à l'église catholique, c'est exiger que les époux satisfassent à tout ce que demande cette église ; or, elle élève en France , en cas de mariage mixte, des prétentions qu'elle ne peut avoir le droit d'imposer à l'époux protestant, et auxquelles un protestant ne peut se soumettre , ni en conscience, ni dans l'intérêt bien entendu de sa famille future. Ces prétentions sont exprimées dans une dispense qui n'est délivrée que sur une demande par écrit, signée du futur protestant et du futur catholique, et qui porte les quatre conditions suivantes : 1° Que l'époux protestant promet de ne gêner en rien l'époux catholique en ce qui concerne sa religion ; 2° que l'époux protestant promet qu'il permettra que les enfans à naître du mariage soient tous indistinctement instruits dans la religion catholique ; 3° que l'époux catholique promet de réunir tous ses efforts pour ramener l'époux protestant dans le giron de l'église ; 4° que le mariage sera célébré hors de l'église et sans prières. De ces quatre conditions, la première seule est juste ; je ne dis rien de la dernière ; mais la seconde et la troisième sont de telle nature, que nul protestant connaissant ses droits, ne devra jamais y souscrire. Le père ou la mère protestant, qui promettrait de permettre qu'on élevât ses enfans dans la religion catholique, s'engagerait à les envoyer à des écoles où serait enseignée la maxime : *Hors de l'Eglise point de salut.* N'en résulterait-il pas bientôt que ces enfans regarderaient leur père ou leur mère comme damnés ! Quel respect dès-lors pourraient-ils lui vouer ! Ne les verrait-on pas bientôt, soit concevoir pour ce père ou pour cette mère étranger à leur croyance, une sorte d'eloignement et d'horreur, soit l'accabler des instances les plus pressantes et les plus péniblement répétées pour l'engager à renoncer à sa croyance ? Il s'est vu des exemples de l'un et de l'autre cas. Il s'en est trouvé d'autres dans lesquels le conjoint catholique lui-même, voyant un directeur intolérant s'interposer par le moyen de la confession entre ses enfans et leur mère, a été contraint de leur choisir un autre directeur.

L'expérience démontre donc aussi bien que le raisonnement, le danger de la promesse que ferait d'avance le protestant de permettre que ses enfans fussent élevés dans la croyance romaine. Dira-t-on que ce n'est pas là une promesse, que ce n'est qu'un vœu que l'église romaine émet, et que ce vœu ne peut en rien lier l'époux protestant? Nous répondrons, qu'il n'est point de subtilité qui puisse faire envisager comme un simple vœu de l'église romaine, une condition *sine quâ non*, de la dispense qui ne s'accorde que sur une demande formelle et signée du futur protestant; qu'il faudrait pour ne se croire en rien lié après avoir fait une démarche de cette nature, admettre un système de réservations mentales que ni l'église protestante, ni la partie la plus saine de l'église romaine n'a jamais admis.

La condition qui prescrit à l'époux catholique de réunir tous ses efforts pour ramener l'époux protestant dans le giron de l'église n'est pas plus équitable. Elle est ici d'autant plus choquante qu'elle suit presque immédiatement la promesse exigée de l'époux protestant de laisser toute liberté religieuse à son conjoint catholique. Elle met la paix du ménage à la merci de chaque directeur de conscience à qui il plaira de questionner l'époux ou l'épouse de sa communion sur les diligences qui dûrent être faites auprès de l'autre époux pour l'entraîner à abjurer. Ce directeur peut n'être pas satisfait du compte qu'on lui en rend, il peut exiger des mesures nouvelles, il peut pousser le mari à user d'autorité pour triompher de la résistance de la conscience de sa femme, il peut refuser l'absolution, etc., etc.

Or si la loi, en exigeant la bénédiction du mariage à l'église catholique, venait à sanctionner ces procédés et ces prétentions arbitraires, si elle n'en prescrivait aucune modification, n'est-il pas évident qu'elle rendrait aux yeux de tout protestant qui veut réfléchir et qui songe à l'avenir, tout mariage mixte impossible ?

Je ne supposerai pas qu'il puisse être jamais ques-

tion d'interdire absolument des mariages de ce genre!
C'est ce que jamais législateur prudent n'a tenté ;
c'est ce que l'église catholique elle-même n'exige
pas. Elle ne paraît pas même avoir de principes bien
arrêtés à cet égard. Dans une foule de pays de l'Al-
lemagne, non seulement l'église n'exige aucune promesse relativement a l'éducation des enfans , mais
il s'est introduit par l'usage que les fils fussent élevés
dans la religion du père, et les filles dans celle de
la mère. Le prince primat , prélat catholique , avait
porté une loi d'après laquelle les enfans nés de
mariages mixtes devaient, sauf convention contraire, être tous élevés dans la religion du père ; en
France même, j'ai vu délivrer des dispenses desquelles, sur les in·tances du conjoint protestant, l'on
avait rayé toutes les conditions. Ces faits prouvent
évidemment qu'il est possible à l'église catholique
de se relâcher de la rigueur de conditions, que l'é-
glise protestante pourrait comme elle imposer de
son côté , si l'équité et la considération du bien-être
des familles et des droits des parens ne la portait à
s'en abstenir.

Il n'est qu'un parti que le législateur puisse prendre
s'il ne peut commander la tolérance, sans laquelle
il n'est point de paix dans l'intérieur d'une famille
mixte, s'il ne peut empêcher qu'on n'exige de la part
des époux des conditions qui compromettraient leur
bonheur domestique : c'est de laisser à leur choix,
et l'église dans laquelle ils recevront la bénédiction
religieuse, et la religion dans laquelle ils trouveront
convenable d'élever leurs enfans. A cet égard surtout, nul ne peut prévoir, nul ne peut peser comme
ces parens eux-mêmes, les circonstances et les considérations qui pourront déterminer leur résolution
définitive. La seule garantie que le législateur puisse
être en droit d'exiger, c'est que tout membre de l'état
professe des principes religieux ; il n'est point juge

des consciences, il n'est point appelé à leur prescrire le mode de persuasion et de culte qu'elles
trouveront à propos de suivre, et dont elles auront
à répondre devant Dieu ; il n'est de sa compétence,
ni de chercher à faire des prosélytes à telle ou telle
communion, ni de s'emparer des droits qui appar-
tiennent aux parens sur leurs enfans ; il ne peut se
charger de la responsabilité d'une éducation religieuse qui les regarde seuls ; il ne doit ni s'interposer
en aucune manière entre eux et leurs enfans, ni au-
toriser personne à s'y interposer, fût-ce même au
nom de la religion.

Si de pareils principes avaient besoin de démons-
tration, j'appellerais ici à mon secours le témoignage
de l'expérience ; j'inviterais quiconque serait tenté
d'en révoquer l'évidence en doute, à jeter un coup
d'œil sur les pays où la loi tient la balance parfaitement égale entre les diverses communions chrétiennes ; il y verrait et catholiques et protestans vivre
ensemble dans la plus édifiante harmonie, respecter
et les droits et les opinions les uns des autres, cé-
lébrer leur culte souvent dans le même temple, et
se tendre réciproquement dans leurs besoins une
main fraternelle ; il ne remarquerait entre les deux
religions d'autre rivalité que celle de l'amour du
bien, et il trouverait dans les familles mixtes elles-
mêmes l'une des sources principales d'une si tou-
chante concorde.

On craint que les mariages mixtes ne soient une
cause d'indifférence en fait de religion ! Je réponds
que l'expérience encore dément cette crainte ; elle
ne sera fondée que dans le cas où des conditions trop
dures, imposées par l'église catholique, auront em-
pêché que le mariage ne soit célébré dans les deux
églises, comme il est ordinaire et naturel de le désirer ; dans le cas surtout où, par suite de cette non-
célébration, les confesseurs refuseront désormais à

l'époux catholique et l'absolution et la participation
à l'eucharistie.

Si, repoussé des actes les plus saints de la religion
parce qu'il n'aura pas suivi à la lettre ce que prescrivait la discipline, le catholique dès-lors s'abstient
de se présenter et au confessionnal et à l'autel, s'il
se borne à suivre les cérémonies de la messe, le
sermon, les vêpres, etc.; qu'on n'en accuse ni sa tié-
deur, ni l'influence du protestant à qui il a uni son
sort. En se mariant il n'a pas cessé, il n'a pas dû
cesser d'être catholique, et le protestant en l'épou-
sant n'a voulu ni faire violence à ses principes religieux ni l'entraîner à les abjurer : ces principes,
celui qui en fut nourri dès l'enfance les conserve et
voudrait les observer. On se demande, qui donc l'en
empêche ? qui donc prend sur soi une si grave responsabilité ? On se demande s'il est ou non au pouvoir du législateur d'apporter remède à un tel état
de choses, d'en prévenir le retour, ou de prendre du
moins les mesures nécessaires pour qu'il n'empire pas
de jour en jour ?

La solution de cette dernière question est difficile,
on ne peut se le dissimuler; en général, on ne peut
se faire illusion sur les nombreuses difficultés que
le législateur rencontrera nécessairement, dès le
moment où, faisant des devoirs religieux relatifs au
mariage autant de nouvelles dispositions légales, il
se mettra dans le cas de prendre en considération
les croyances diverses des personnes, les systèmes
divergens des églises, les différentes situations des
familles, pour rendre justice à chacun.

Puissent de mûres délibérations parvenir à con-
cilier tant d'intérêts variés, et concourir efficacement
à ramener à la religion ce petit nombre de personnes
qu'il paraîtrait nécessaire d'y ramener par l'autorité
des lois, tandis que l'immense majorité y retourne
de son propre mouvement !

FIN.